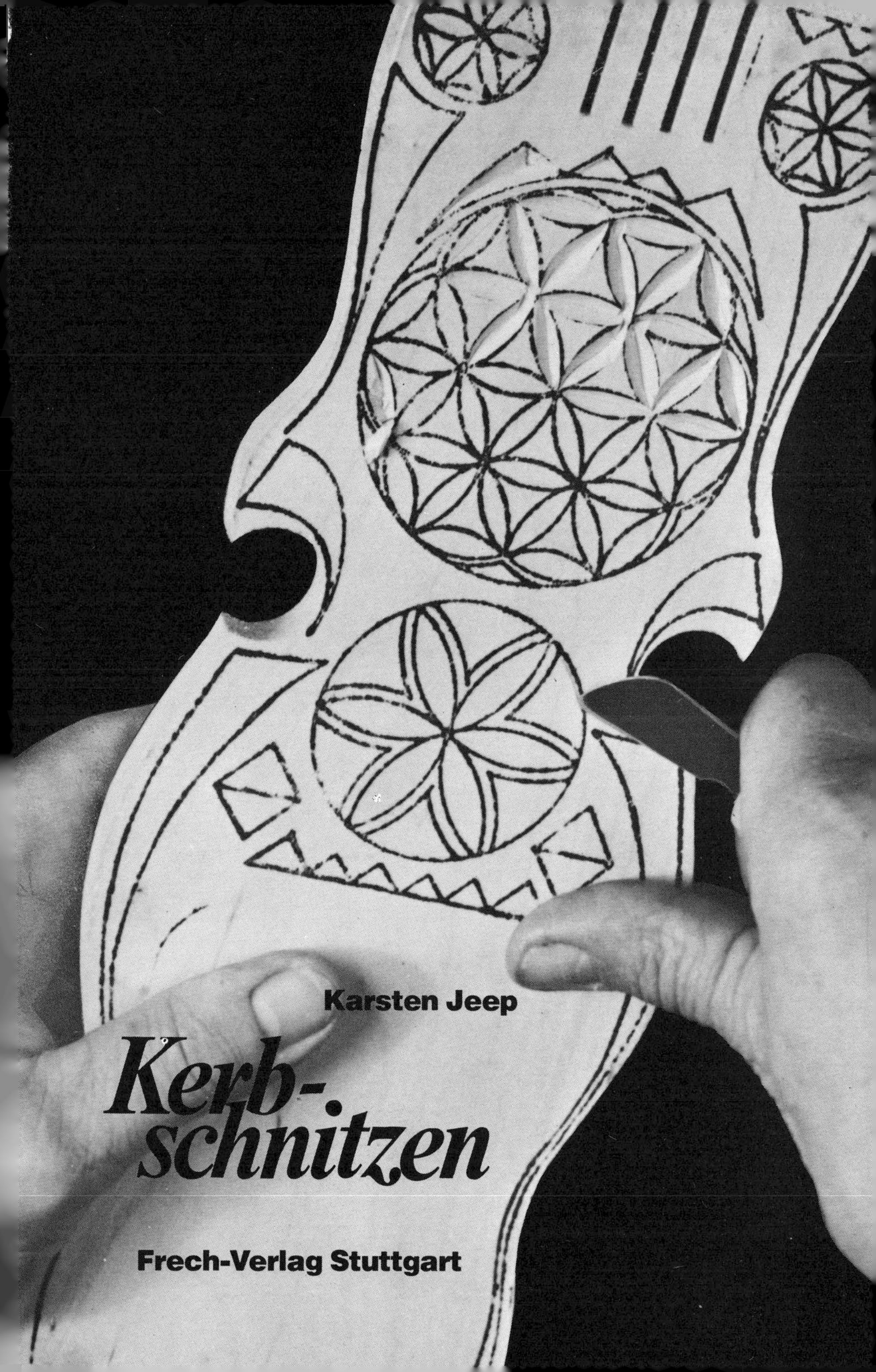

Karsten Jeep

Kerb-schnitzen

Frech-Verlag Stuttgart

Kerb-schnitzen

Wer seine Freude hat an gut gestalteten Holzgegenständen wird versuchen, die Oberflächen zu schmücken. Die Einlegetechniken sind eine Möglichkeit dazu — auch das Bemalen in den verschiedensten Stilrichtungen. Den Eigenarten des Materials Holz am nächsten kommt wohl das Kerbschnitzen.

Was versteht man darunter?

Ganz nüchtern ausgedrückt: Kerbschnitzen ist ein Verzieren der Holzoberfläche durch Einschneiden von Kerben. Welcher Formenreichtum sich aber mit diesem „Einschneiden von Kerben" erreichen läßt, zeigen Ihnen die Bilder auf den folgenden Seiten. Die abgebildeten Arbeiten sollen eine Anregung für Sie sein, sich mit der Kerbschnitztechnik näher zu befassen. In einem systematisch aufgebauten Lehrgang sagen wir Ihnen, wie die einzelne Form entsteht und schon nach wenigen Übungen können Sie eigene Arbeiten herstellen.

Werkzeug

Das einzige Werkzeug des Kerbschnitzers ist ein Messer. Besonders sicher arbeitet es sich mit einem speziellen Kerbschnitzmesser mit einer kurzen, festsitzenden Klinge mit widerstandsfähiger Spitze. Dieses Messer muß häufig auf einem feinkörnigen angefeuchteten Abziehstein, einem sog. Belgischen Brocken, geschärft werden. Ein Nachziehen auf einem Stück Leder gibt dem Messer den letzten Schliff. Dabei muß darauf geachtet werden, daß die Spitze nicht rund wird. Sollte dies doch geschehen, so ist der Messerrücken so weit abzuschleifen, bis wieder eine gute Spitze entsteht. Wer sich alle Probleme des Schärfens sparen will, kann eines dieser Messer mit den abbrechbaren Klingen verwenden. Eine Klingenbreite von 9 mm ist geeignet. Wichtig ist ein möglichst ruhiger und sicherer Halt der Klinge im Griff. Wenn das Messer nicht mehr sauber schneidet, brauchen Sie dann nur die Klinge mit dem beigegebenen Abbruchhebel abzubrechen.
Für welches Messer Sie sich nun entscheiden, in jedem Fall gilt: nur schärfste Klingen ermöglichen einen Erfolg!

Material

In jede Holzart lassen sich natürlich Kerben schneiden. Auch das in die Rinde geschnittene Herz mit dem Pfeil

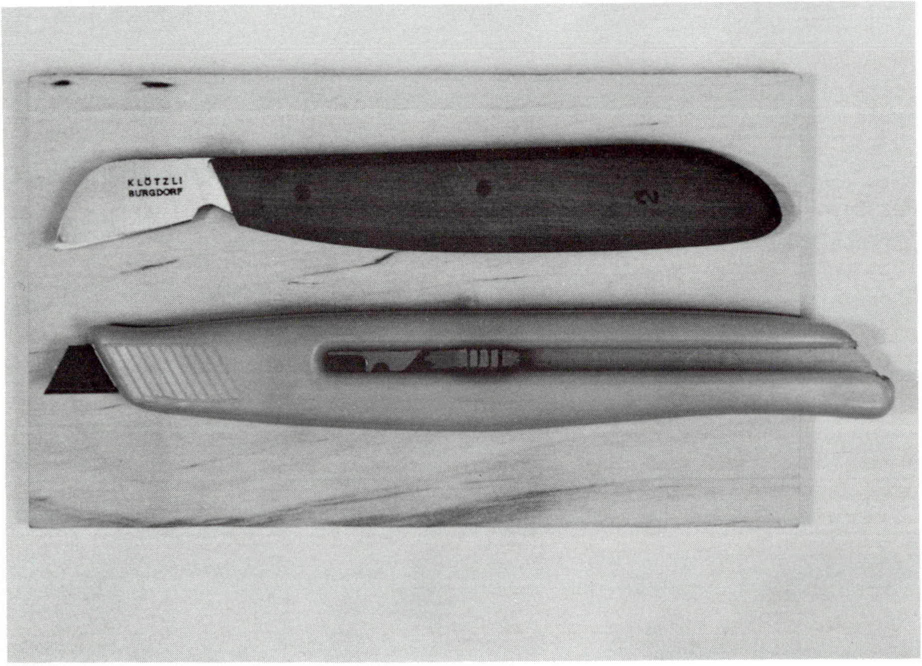

ist eine Kerbschnitzarbeit. Am besten geeignet sind die weichen, kurzfaserigen Hölzer, also vor allem Linde oder Abachi. Weiter sind gut zu gebrauchen: Birnbaum, Erle, Eiche, Nußbaum, Pappel oder Ahorn. Andere Hölzer, z. B. Birke oder Rüster, wären von der Qualität her recht gut, aber die starke Maserung stört die Wirkung des Kerbschnitzornaments. In den Fachgeschäften erhalten Sie zuverlässig Auskunft darüber, welches Holz sich ohne Schwierigkeiten schnitzen läßt. Außerdem sind speziell für das Kerbschnitzen gefertigte Holzgegenstände im Handel. Damit ist das Kerbschnitzen auch denen möglich, die keine Schreinerarbeiten machen wollen oder können. Oft sind auf diesen Gegenständen Muster vorgezeichnet. Für die ersten Übungsstücke ist dies sicher erwünscht. Wer dann seine eigenen Muster entwerfen möchte, kann die Vorzeichnung leicht abschleifen.

Bei jeder Arbeit mit oder am Holz ist die Maser- oder Faserrichtung zu beachten. Wenn auch meist beim Entwurf einer Kerbschnitzerei keine Rücksicht darauf genommen werden kann, so ist doch zu beachten, daß das Messer in der Faserrichtung leichter läuft (und auch verläuft) als quer zur Faser. Daß nur gut durchgetrocknete Hölzer für Schnitzarbeiten verwendet werden, ist klar. Trotzdem schnitzt es sich bei vielen Hölzern leichter, wenn die Oberfläche schwach angefeuchtet ist. Die Fasern werden dadurch geschmeidiger.

Arbeitsplatz und Sitzhaltung

Für das Kerbschnitzen brauchen Sie keinen besonderen Arbeitsplatz. Am Anfang werden Sie vielleicht lieber auf einer festen Unterlage arbeiten. Der zünftige Kerbschnitzer sitzt aber mit übergeschlagenen Beinen, die Griffhand (sie hält und führt das Werkstück) auf den Oberschenkel gestützt. Die Schnitzhand führt nur die reinen Schneidbewegungen aus, es wird also z. B. nicht im Bogen geschnitten, sondern mit der Griffhand das Werkstück gedreht. Der Daumen der Schnitzhand ist auf das Werkstück gestützt. Er dient als Sicherung gegen das Ausgleiten des Messers. Wer ohne diese Daumensicherung das Messer frei über das Holz führt, ist schnell neben der Zeichnung — und manchmal auch weit darüber hinaus. Wenn Sie beim Stechschnitt den Daumen zur Messerführung brauchen, kann auch der Mittelfinger die Sicherung übernehmen.

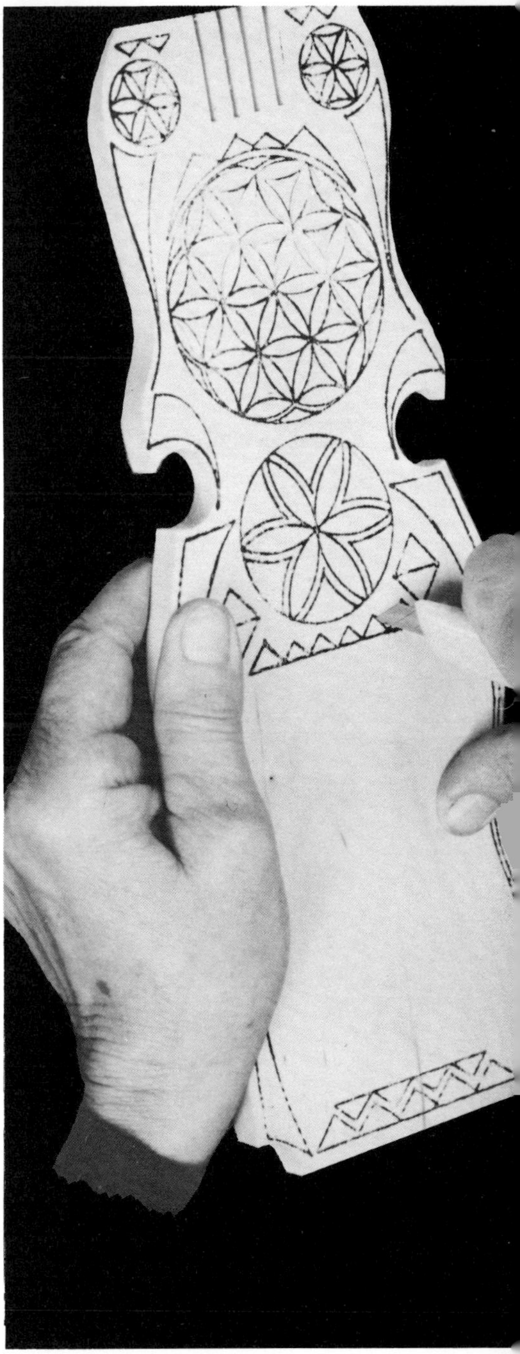

Kerbschnitz-Grundfiguren

Alle Kerbschnitzornamente beruhen auf nur drei Schnittarten:
Dreischnitt
Bogenschnitt
Linienschnitt (auch Schriftschnitt genannt).

Dreischnitt
Mit diesem Schnitt entstehen die Dreiecke, die in verschiedenen Arten zu Bändern und Flächenmustern zusammengefügt werden können. Sie lernen daran die beiden Messerhaltungen kennen, die auch bei den anderen Schnitten angewendet werden.

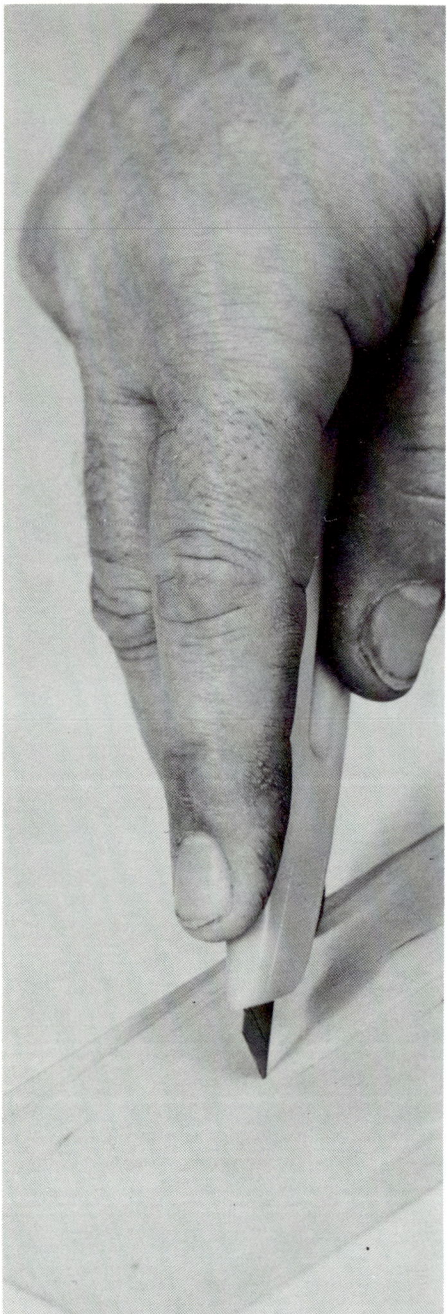

Beim Stechschnitt wird die Klinge an zwei Dreiecksseiten ins Holz gedrückt. Setzen Sie an der Dreiecksspitze an und drücken Sie die Messerspitze 2 bis 3 mm tief senkrecht ein. Sie können dabei mit dem mittleren Zeigefingerglied drücken und mit dem Daumen abstützen oder mit der Fingerkuppe drücken und mit dem Mittelfinger abstützen — wie Ihnen das Messer am besten in der Hand liegt. Kippen Sie das Messerheft so weit nach unten, daß die Klinge die Grundlinie des Dreiecks erreicht. Dann nehmen Sie das Messer heraus. Der zweite Stechschnitt erfolgt in der gleichen Weise von der Dreiecksspitze aus nach der anderen Seite.

Stechschnitt

① Messerspitze an Dreiecksspitze einsetzen.

② Messer 2 bis 3 mm senkrecht ins Holz eindrücken. Schneide zeigt zum Fußpunkt

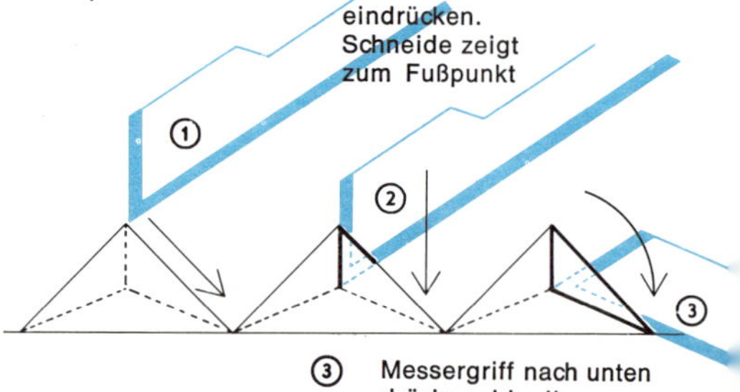

③ Messergriff nach unten drücken, bis die Schneide die Grundlinie des Dreiecks erreicht.

Messer herausnehmen.

Zeichnung	———
ausgeführte Schnitte	━━━
gedachte Linien und Schnitte im Holz	- - - - -

Nun führen Sie das Messer zum Aushubschnitt flach zum Werkstück: mit der Messerspitze entlang dem ersten Stechschnitt, mit der Klinge auf der Grundlinie des Dreiecks, mit der Schneide parallel zum zweiten Stechschnitt. Wenn ein pyramidenförmiges Dreieck herausfällt, ist der Dreischnitt gelungen. Das muß noch nicht beim erstenmal sein — ein paar Übungsschnitte bringen schnell den gewünschten Erfolg.

Auf den Fotos und auf den Zeichnungen auf der nächsten Seite werden die möglichen Arten gezeigt, wie aus diesem einfachen Dreischnitt lebendige Bänder und Borten werden.

Aushubschnitt

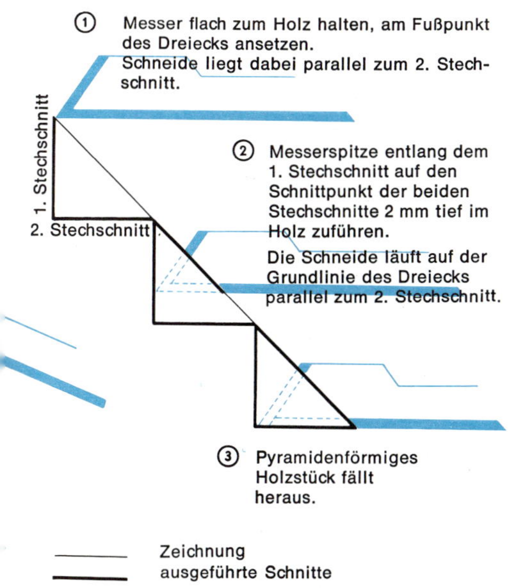

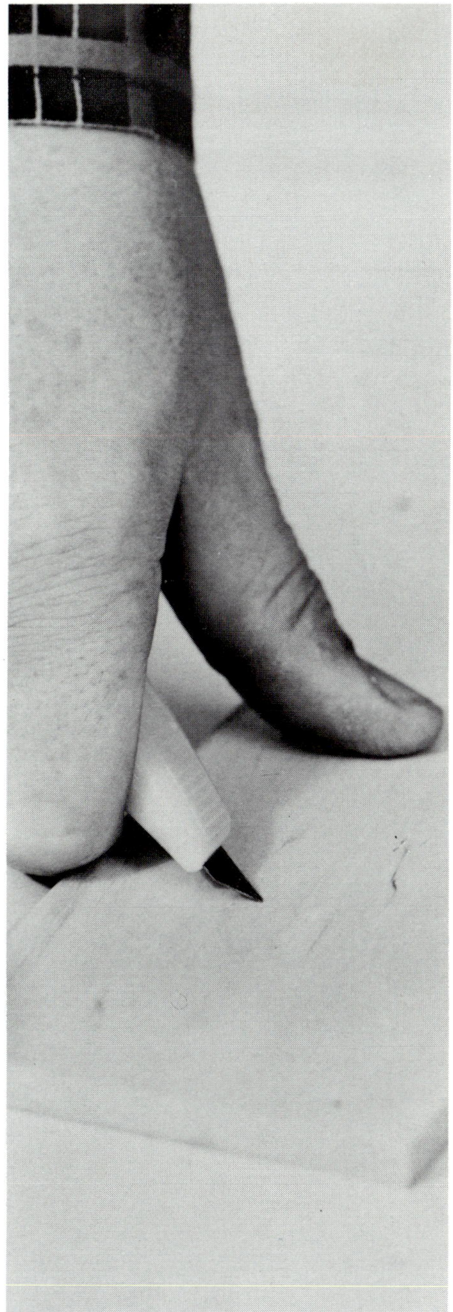

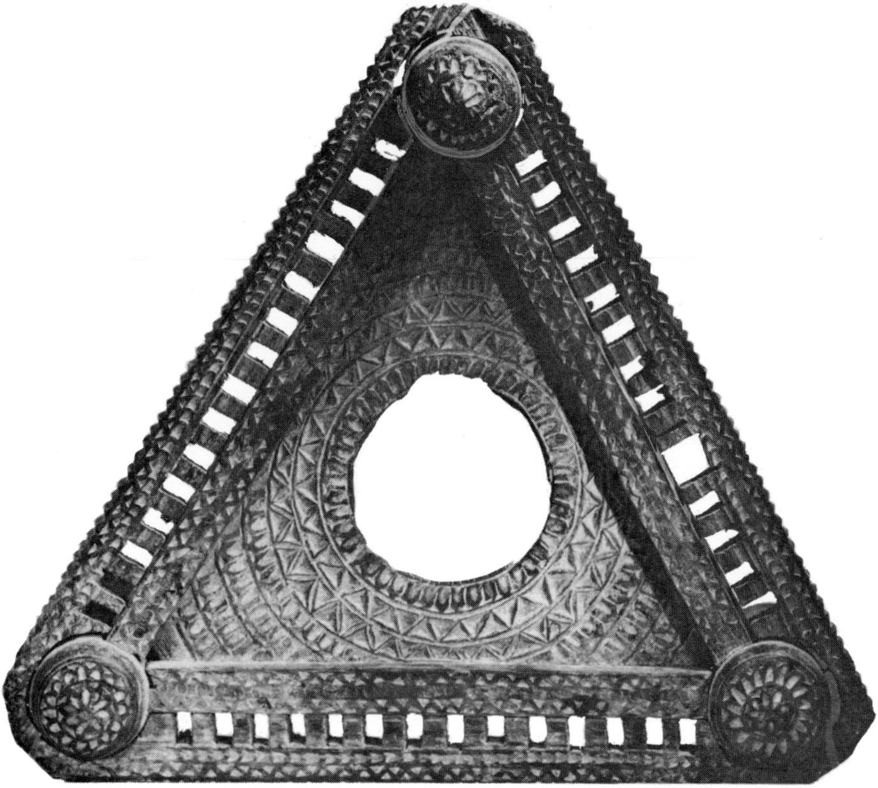

Kerbschnitzarbeiten aus
Pakistan und Afghanistan
(Lindenmuseum Stuttgart)

Eine Variante des Dreischnitts ist bei größeren Dreiecken möglich. Dabei sind die Stechschnitte nur Hilfsschnitte, d. h. alle drei Dreiecksseiten werden durch die flachen Aushubschnitte gebildet. Stechen Sie die Messerspitze jeweils in der Dreiecksmitte ein und führen Sie die Stechschnitte auf der Winkelhalbierenden zu den Dreiecksspitzen. Die Aushubschnitte führen Sie entlang einer Winkelhalbierenden parallel zur nächsten auf den Mittelpunkt des Dreiecks zu. Aus diesem Grundschnitt lassen sich sternförmige Rosetten entwickeln, die nur aus Dreiecken bestehen.

Dreieck mit drei schrägen Seiten

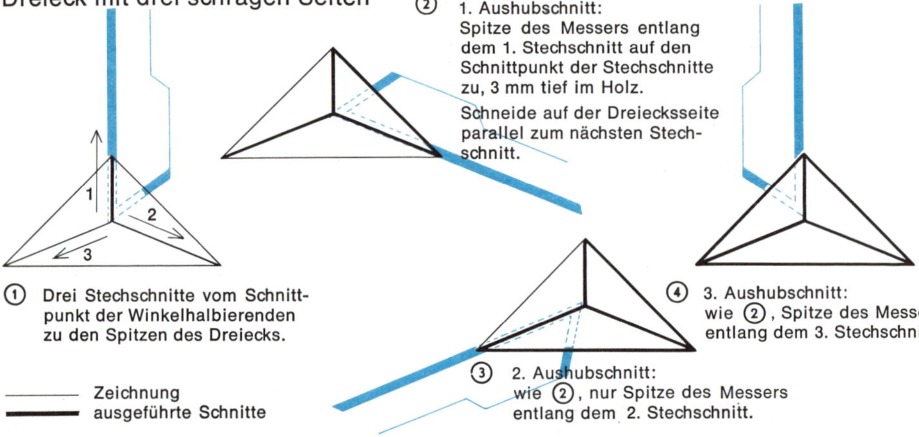

① Drei Stechschnitte vom Schnittpunkt der Winkelhalbierenden zu den Spitzen des Dreiecks.

② 1. Aushubschnitt: Spitze des Messers entlang dem 1. Stechschnitt auf den Schnittpunkt der Stechschnitte zu, 3 mm tief im Holz. Schneide auf der Dreiecksseite parallel zum nächsten Stechschnitt.

③ 2. Aushubschnitt: wie ②, nur Spitze des Messers entlang dem 2. Stechschnitt.

④ 3. Aushubschnitt: wie ②, Spitze des Messers entlang dem 3. Stechschnitt.

——— Zeichnung
━━━ ausgeführte Schnitte

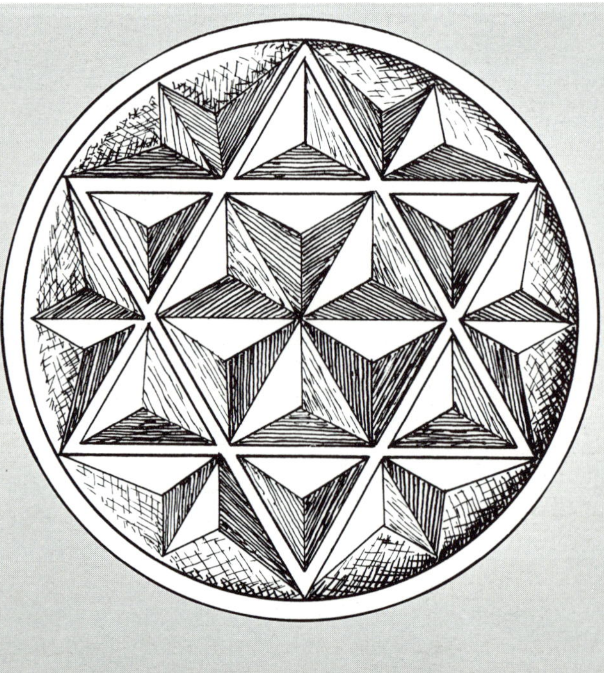

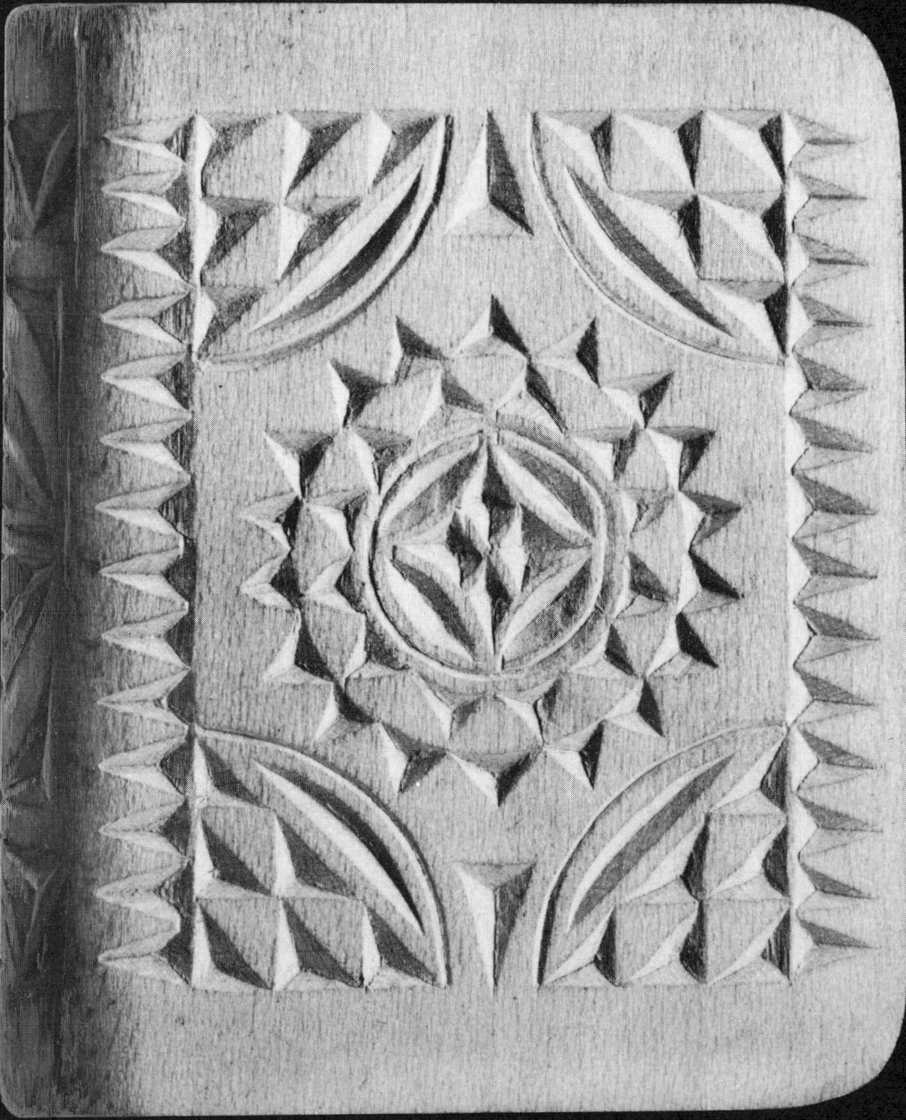

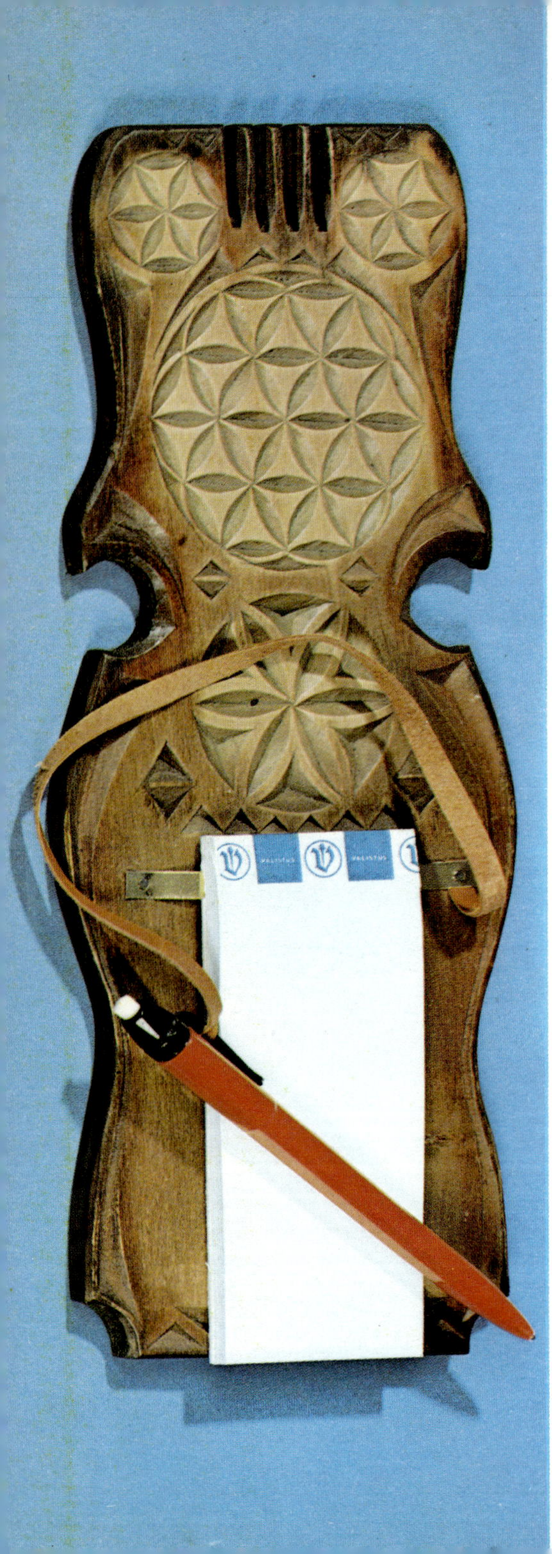

Bogenschnitt

Zwei Schnitte werden bogenförmig so gegeneinandergeführt, daß eine flache Ellipse herausfällt. Dieser Schnitt ist die Grundfigur zu allen möglichen Rosetten und Flächenmustern.

Das Messer wird ähnlich geführt wie zum Aushubschnitt, nur etwas steiler, ungefähr 45° zur Brettoberfläche. Die Messerspitze läuft entlang der Mittellinie, 2 oder 3 mm tief im Holz.

Wichtig ist, daß das Messer am Ende des Bogens wieder an der Holzoberfläche herauskommt. Sonst wird bei Rosetten das Herzstück beschädigt.

Bogenschnitt

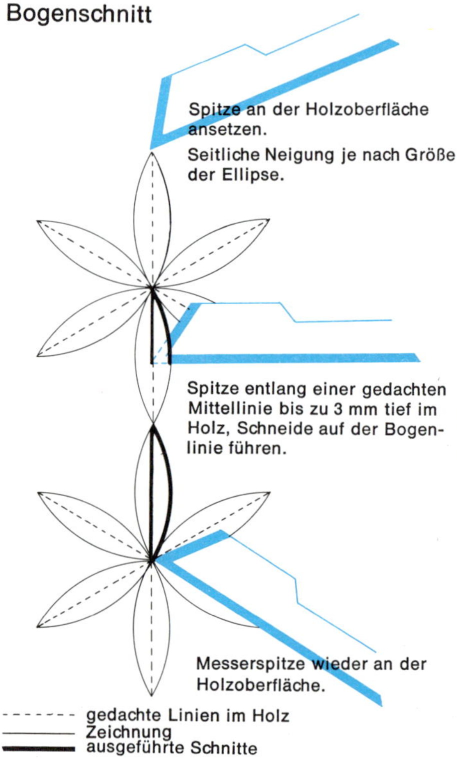

Beim Schneiden wird das Messer bogenförmig auf den abstützenden Daumen zugeführt, die Griffhand dreht das Werkstück gleichzeitig der Schnittbewegung entgegen.
Wenn nach dem zweiten, am 180° gedrehten Brett, gleich ausgeführten Gegenschnitt die Ellipse nicht herausfällt, müssen Sie nachschneiden, mit derselben Messerhaltung, u. U. von beiden Seiten her. Auf keinen Fall dürfen Sie das Holz herausbrechen; die dadurch entstehende Verletzung der Schnittfläche ist meist nicht mehr zu glätten. Auch das Schaben an versehentlich stehengebliebenen Holzresten führt zu keinem guten Ergebnis. Wenn korrigiert werden muß (und immer läßt sich das nicht vermeiden), vorsichtig einen neuen Schnitt ansetzen.
Bei allen Dreischnittarten ist es vorteilhaft, rationell zu arbeiten. Es werden also von einem Band z. B. alle rechten Stechschnitte gemacht, dann alle linken und dann die Aushubschnitte. Das geht nicht nur schneller und ermüdet weniger, die Schnitte werden auch gleichmäßiger und das ist für eine ruhige, vornehme Wirkung des Ornaments sehr wichtig.
Die Beschreibung dieser und der folgenden Schnitte klingt viel komplizierter, als sie in Wirklichkeit sind. Auch die Zeichnungen können vieles nicht zeigen, weil der Technik gemäß die ersten Schnitte fast unsichtbar im Holz gemacht werden und erst der letzte Schnitt dann das darstellbare Ergebnis bringt. Machen Sie deshalb auf der Rückseite eines Werkstückes einige Versuche — Sie sehen schnell, wie einfach Kerbschnitzen eigentlich ist.

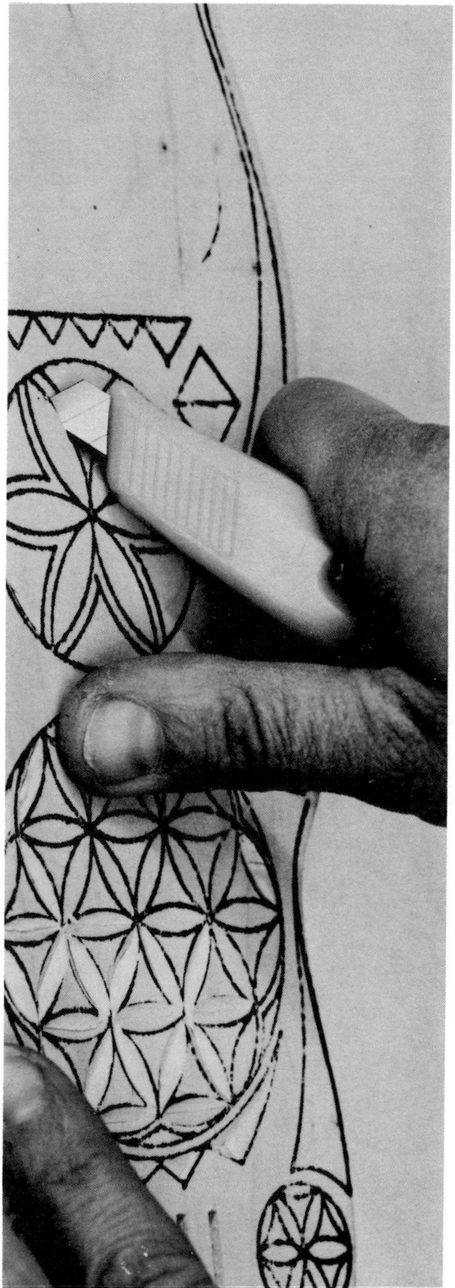

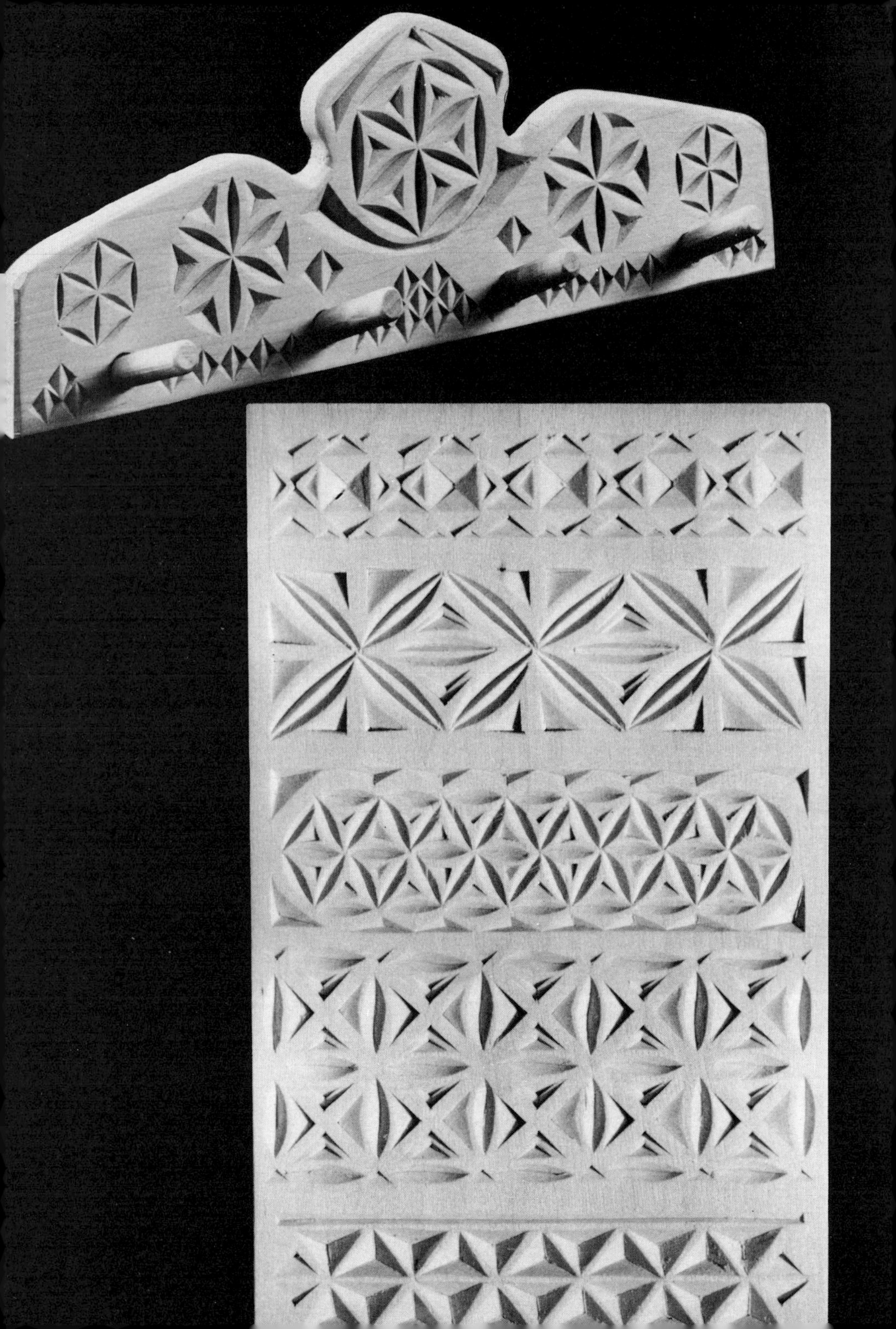

Oy Mallasjuoma, Lahti
Siesta

Linienschnitt

Dieser Schnitt wird auch als Schriftschnitt bezeichnet, weil nicht nur Schmucklinien, sondern auch Schriften so geschnitten werden. Er ähnelt dem Bogenschnitt, auch das Messer wird so gehalten und geführt. Neu am Linienschnitt ist, daß Schnitt und Gegenschnitt parallel zueinander verlaufen, gerade oder geschwungen. Parallel schneiden und genau in der Mitte in der richtigen Tiefe mit dem ersten Schnitt zusammentreffen, erfordert schon einige Übung. Doch dann lassen sich mit diesem Schnitt dem Kerbschnitzen ganz neue Aspekte geben.

Bei geraden Schnitten wird das Messer flach zum Holz hin geführt; je länger der Teil der Schneide ist, der im Holz eintaucht, umso leichter läßt sich gerade schneiden. Bei Bogen ist eine steilere Messerhaltung günstiger.

Die Linienschnitte laufen entweder spitz aus wie beim Bogenschnitt oder enden in einem Dreischnitt aus drei Aushubschnitten.

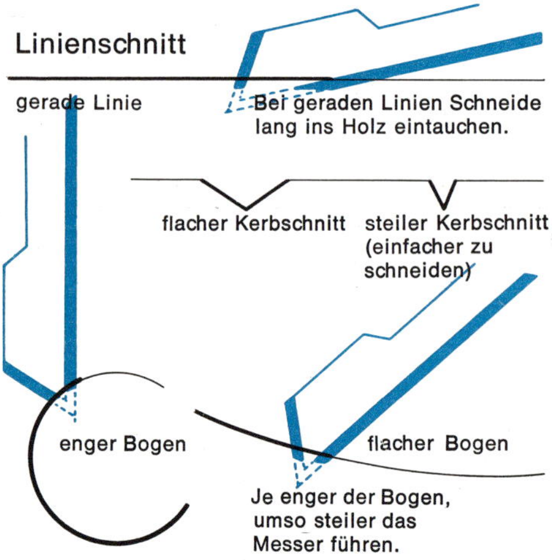

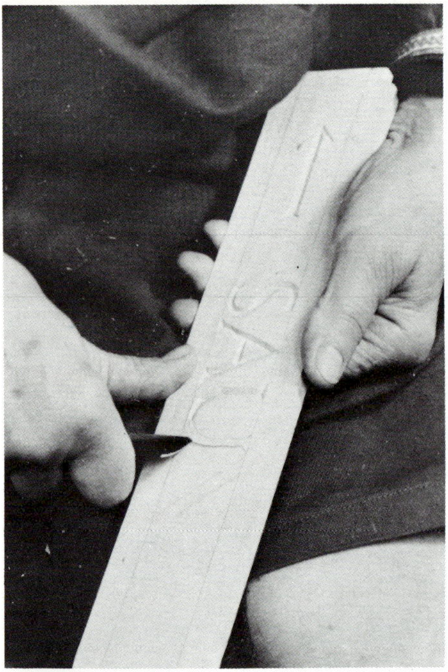

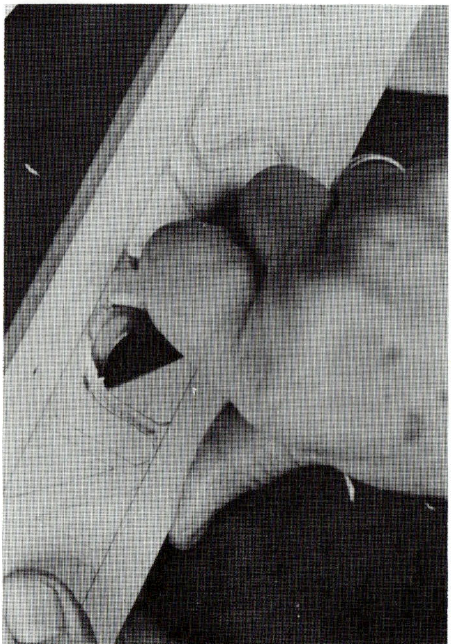

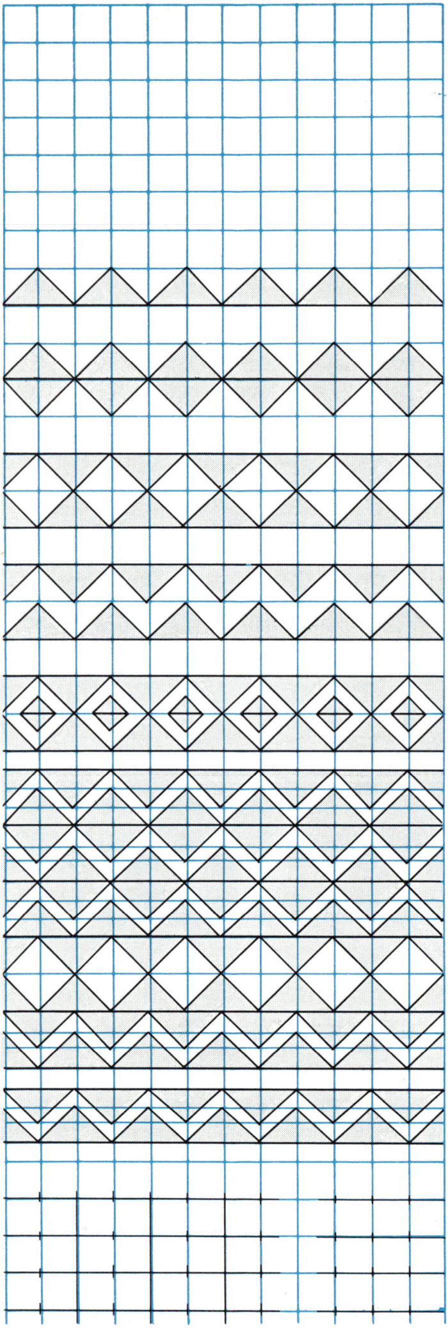

Der Entwurf

Das Kerbschnitzen ist eine Technik, bei der auf dem Werkstück vorgezeichnet werden muß — nicht in allen Einzelheiten, aber in großen Linien.

Zunächst sollten Sie die äußere Form des Werkstücks betrachten, das durch Kerben geschmückt werden soll. Was für ein Ornament kommt infrage? Ein Band, quer, diagonal, ringsum; soll die ganze Fläche einbezogen werden oder genügt an zentraler Stelle eine einzelne, vielgliedrige Rosette? Ein paar flüchtige Skizzen der verschiedenen Möglichkeiten helfen Ihnen sicher zu einem Entschluß. Für diese Überlegungen gibt es keine Patentrezepte; allenfalls können mit den Fotos Anregungen gegeben werden oder Hinweise, wie andere ähnliche Probleme gelöst haben.

Im folgenden werden Anleitungen gegeben, wie die einzelnen Teile der Ornamente gezeichnet werden. Sie basieren auf dem Dreieck, der Ellipse, auf einfachen Schwüngen oder auf der Karnieslinie.

Die Dreischnittornamente können Sie am einfachsten auf 5-mm-Quadratpapier entwerfen. Wenn Sie die herauszuschneidenden Flächen schattieren, erhalten Sie in etwa einen Eindruck von dem geplanten Ornament. Durch einfaches Ändern der Linienabstände werden die Bänder schmäler oder breiter. Auf das Holz braucht nicht soviel übertragen zu werden, höchstens für den Anfang. Da genügen je Band zwei parallele Linien und die Bezeichnung der Dreiecksspitzen und der Fußpunkte. Alles andere machen Sie mit dem Messer.

Für das Dreieck mit den drei schrägen Seitenschnitten muß auch auf das Holz mehr gezeichnet werden (mindestens für den Anfang): für die Stechschnitte alle Winkelhalbierenden, für die Aushubschnitte die Dreiecksseiten und bei der Rosette noch der Rundschnitt für die äußere Begrenzung. Auf der Zeichnung sind die blauen Linien die Stechschnitte, die schwarzen Linien sind die Aushub- bzw. die Rundschnitte.

Eine weitere Variante des Dreischnitts und der daraus entwickelten Ornamente ist die Anordnung im Kreis. Daraus könnte eine Einfassung für den Deckel einer runden Dose entstehen oder ein Untersetzer.

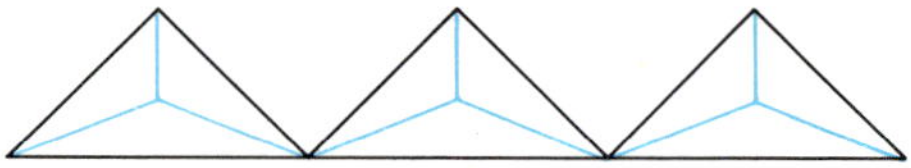

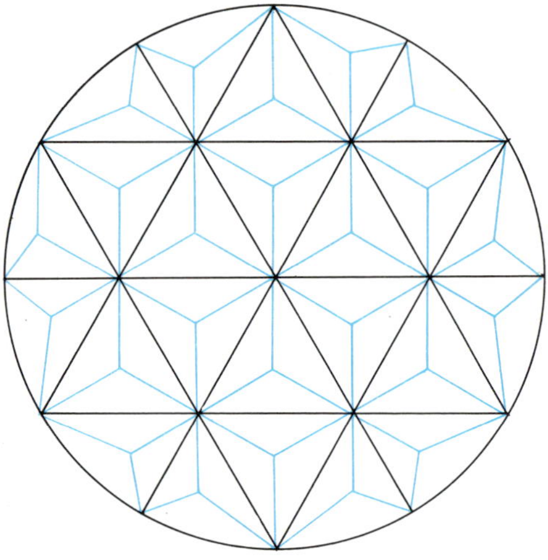

Stechschnitte
Aushubschnitte

Ziehen Sie mit dem Zirkel in der gewünschten Größe zwei Kreise im Abstand von 5 mm. Das erste Dreieck zeichnen Sie am besten freihändig in der Proportion, die Ihnen zusagt, zwischen die Kreislinien. Ermitteln Sie an der Skizze die halbe Grundlinie der Dreiecke und tragen Sie dieses Maß ringsum auf der Kreislinie ab. Durch Ziehen der Strahlen von der Kreismitte durch diese Punkte erhalten Sie die Spitzen und die Fußpunkte der Dreiecke. Wie Sie die Schnitte setzen wollen, was herausfällt, was stehen bleibt, legen Sie wie bei den geraden Ornamenten auf einer Skizze fest und übertragen dann die für das Kerben nötigen Punkte auf das Holz.

Proportion eines Dreiecks skizzieren, 2 Hilfskreise ziehen. Halbe Grundlinie (a) auf dem inneren Kreis abtragen (eine gerade Anzahl, weil 2 für jedes Dreieck gebraucht werden — wenn es nicht aufgeht, vermitteln). Vom Mittelpunkt aus Strahlen durch diese Punkte ziehen.

In das entstehende Muster Dreiecke einzeichnen

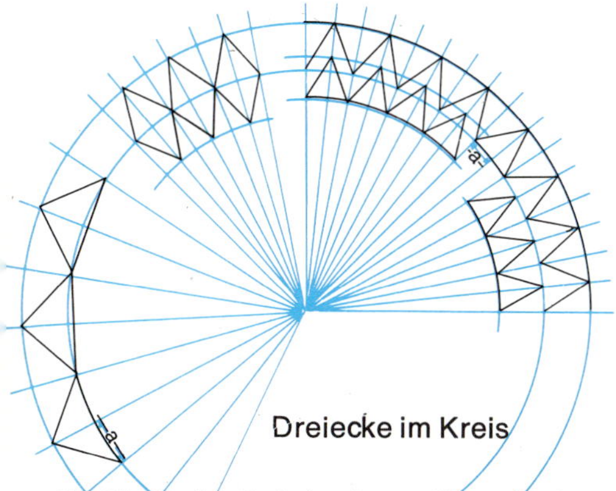

Für Bänder eine Dreiecksseite um die gewünschte Bandbreite parallel nach innen verschieben. Durch die beiden Schnittpunkte mit einem Strahl Hilfskreise ziehen. Die Schnittpunkte mit den Strahlen ergeben die Fußpunkte und die Spitzen der Dreiecke.

Ein reizvoller Gegensatz zu den trotz allen Abwandlungen statischen Dreiecken sind die Rosetten. Sie gehen auf die Grundform der sechsblätterigen Blume zurück.
Zur Erinnerung: Kreis zeichnen, mit dem gleichen Halbmesser von einem beliebigen Punkt auf dem Kreis aus Halbkreis durch den Mittelpunkt, weitere Halbkreise um die jeweils entstehenden Schnittpunkte.
Wenn Sie statt der Halbkreise immer wieder ganze Kreise schlagen, bekommen Sie Figuren wie auf den Zeichnungen. Sie können dann zunächst die äußere Form der Rosette bestimmen und wieder durch Schraffieren die herauszuschneidenden Teile festlegen.

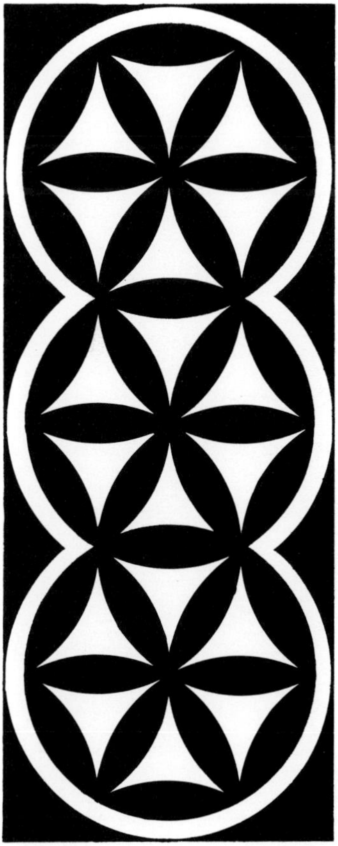

Durch Einsetzen des Zirkels auf der Mitte zwischen zwei Schnittpunkten wird aus dem sechsblätterigen Gebilde eines mit zwölf. Auch aus dieser Grundform lassen sich interessante vielgliedrige Rosetten entwickeln. Nur als kleine Anregung: es müssen nicht immer die ganzen Felder herausgeschnitten werden. Eine Schraffur durch Linienschnitte, einfach oder gekreuzt, ergibt ein weiteres Schmuckelement.

Die vier- bzw. achtteilige Rosette soll nur noch ein Hinweis darauf sein, daß durch alle möglichen Kreisteilungen Rosetten gebildet werden können.

Wenn Ihnen diese Art der Kerbschnitzerei gefällt, dann spielen Sie unbeschwert mit Zirkel und Bleistift. Dabei kommen Sie auf die schönsten Formen — Sie brauchen dazu niemand, der Ihnen die Hand führt.

Die Entwürfe für den Linienschnitt entstehen frei aus dem Handgelenk. Als Handwerkszeug ist außer dem Bleistift nur Fantasie vonnöten — und dann noch ein kritischer Blick. Zwischen einem reich verzierten Werkstück und einem überladenen ist die Grenze schmal.

Die Grundfiguren entstehen aus der Herzform, offen oder geschlossen; aus der Wellenlinie, der Karnieslinie und aus den Flechtbändern. Die meisten Formen verlangen eine symmetrische Anordnung. Zeichnen Sie nur die eine Hälfte und pausen Sie die andere spiegelbildlich durch.

Mit dem Linienschnitt werden auch die Schriften geschnitten. Es können alle die Buchstabenformen verwendet werden, deren Serifen (die Abschlußstriche an Kopf und Fuß) dreiecksförmig sind. Das sind vornehmlich die Antiquaschriften, die in ihren Grundformen in Stein gehauen wurden und auch heute noch von den Steinmetzen für Inschriften an Denkmälern und Grabsteinen bevorzugt werden. Speziell für das Kerbschnitzen gibt es auch geeignete Vorlagen zum Ausschneiden. Weil die Wirkung eines Wortbildes vor allem von den richtigen Abständen der Buchstaben abhängt, ist ein genauer Entwurf unerläßlich. Es empfiehlt sich, die ausgeschnittenen Buchstaben solange zu schieben, bis das Schriftbild Ihrem Geschmack entspricht. Erst danach fertigen Sie dann die Zeichnung an, die auf das Holz übertragen wird. Zu warnen ist auch noch vor dem Versuch, kleine Schriften zu schneiden. 2 bis 3 cm Schrifthöhe ist wohl das Mindestmaß.

CDEFG

HIJKL

MNOP›

QRSTU

WXYZ

Oberflächenbehandlung

Gekerbte Holzgegenstände bedürfen einer sorgsamen Oberflächenbehandlung. Zunächst müssen Ecken und Kanten mit einem scharfen Messer leicht gebrochen werden. Achten Sie bei dieser Arbeit besonders auf die Faserrichtung, damit nicht zuviel Holz weggeschnitten wird. Läuft das Messer der Faser folgend in das Holz, Werkstück umdrehen und von der anderen Seite her schneiden.

Die Oberfläche schleifen Sie mit Schleifpapier 120 bis 180 in der Strukturrichtung, bei weichem Holz gegen die Faser. Der Schleifstaub muß öfters mit Bürste oder Pinsel entfernt werden. Schleifen Sie sorgfältig ohne großen Druck, damit sich keine Körner aus dem Schleifpapier lösen und auf dem Holz Riefen bilden, die nur sehr schwer wieder glattzuschleifen sind.

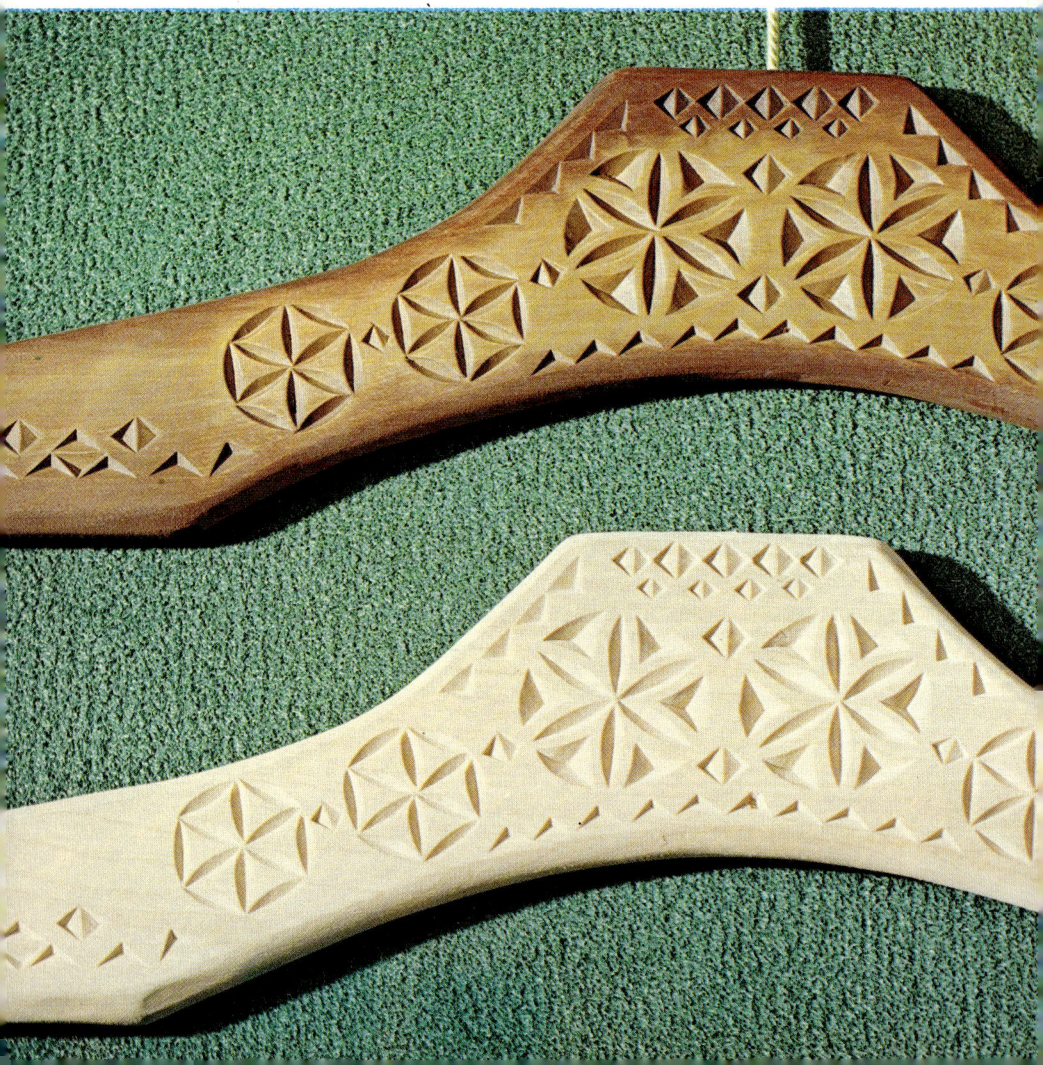

Wenn die Oberfläche vollständig glatt und alle Vorzeichnungen entfernt sind, müssen Sie sich für den Farbton Ihrer Arbeit entscheiden. Auch wenn Sie das Holz naturfarben belassen, müssen Sie die Holzoberfläche mit einem Schutz gegen Feuchtigkeit und Schmutz versehen. Für Innenräume genügt ein mehrmaliges Auftragen von reinem Bohnerwachs oder auch von farbloser Schuhcreme. Durch Bürsten erzielen Sie einen zarten Seidenglanz.

Holzgegenstände im Freien schützen Sie durch einen Anstrich mit einer Holzschutzlasur (z. B. einem der Gori-Produkte), farblos oder getönt. Vergessen Sie dabei nicht die Rückseite und besonders gefährdete Ränder.

Wenn auch eine Färbung nicht so recht zu einer gediegenen Kerbschnitzarbeit paßt, so kann doch durch eine leichte Tönung die Wirkung der Ornamente unterstützt werden. Verwenden Sie dazu eine der Holzbeizen, die es in Pulverform in vielen Tönungen gibt. Eine Farbprobe auf einem Abfallholz ist empfehlenswert, weil die Beize wesentlich heller auftrocknet. Wachsen und Lasur macht sie andererseits wieder dunkler, so daß die noch leicht feuchte Probe dem endgültigen Aussehen nahe kommen wird.

Zum Auftragen nehmen Sie einen Schwamm — und Gummihandschuhe. Schützen Sie auch Ihr Werkstück und die Umgebung vor Spritzern. Sie sollten darauf bedacht sein, daß alle Kerben satt mit Farbe getränkt werden; sie erscheinen nachher dunkler und damit plastischer.

Nach dem Trocknen an der Luft, nicht in Ofennähe, wird genauso weiterbehandelt wie beim naturfarbenen Holz.

Wenn Sie die Ornamente oder auch nur eine dominierende Rosette besonders hervorheben wollen, tragen Sie vor dem Austrocknen mit einem Pinsel eine dunklere Beize in den Kerben auf. Sie verläuft an den Rändern mit dem noch feuchten ersten Beizeauftrag und ergibt so zarte Übergänge. Die Wirkung kann noch durch vorsichtiges Abschleifen der Oberfläche nach dem Trocknen erhöht werden.

1967

ISBN 3-7724-0255-0 · Best.-Nr. 528

Auflage: 12. 11. 10. 9. 8. | Letzte Zahlen
Jahr: 1987 86 85 84 | maßgebend

frech-verlag
GmbH + Co. Druck KG Stuttgart

Fotos Seite 42, 43 und 44: Robert Würgler, Meiringen
nach Arbeiten von Heinz Schild, Brienzwiler
Seite 13 ist eine Arbeit von Gerhard Graf, Holzschnitzschule Bischofsheim/Rhön